SAINT-ELVIS

DÉVOTION
A
SAINT SILVIN
ÉVÊQUE
HONORÉ A AUCHY-LEZ-MOINES

PAR

M. L'ABBÉ FROMENTIN
Curé de Crépy.

ARRAS,
TYPOGRAPHIE ROUSSEAU-LEROY,
RUE SAINT-MAURICE, 26.

1865

DÉVOTION
SAINT SILVIN

PRÉFACE

L'opuscule que nous venons offrir à la piété des fidèles, et particulièrement aux habitants d'Auchy, est extrait d'un travail plus étendu dont le but est non-seulement de conserver la mémoire d'un saint long-temps honoré par nos ancêtres et aujourd'hui presque oublié, mais encore de donner pour cadre à la vie de saint Silvin l'histoire de l'abbaye qui porta son nom.

Cependant nous ne pouvons prévoir le jour, si jamais il arrive, où nous aurons mis la dernière main à cette étude historique. Mais quand ce travail serait sous presse, le présent opuscule conserverait encore son utilité. Nous l'adressons au peuple; nous le destinons à nos parents et amis, à tous les bons habitants d'Auchy, à ceux qui préfèrent une pieuse légende à l'histoire la plus savante, à ceux qui n'ont pas la faculté d'acheter les livres coûteux, à ceux surtout qui, ayant reçu de leurs pères la dévotion à saint Silvin, désireraient la léguer à leurs enfants. Les amis de saint Silvin commencent à devenir rares à Auchy; c'est un motif de plus pour nous hâter.

Depuis longtemps nous nourrissions une espérance qui est devenue une réalité. Les reliques de saint Silvin ont disparu lors de la Révolution; mais l'abbaye d'Auchy n'avait qu'une faible partie des restes vénérés du saint évêque. L'église Saint-Denis de Saint-Omer et le grand séminaire d'Arras en ont conservé d'importants tronçons. Pourquoi, pensions-nous, pourquoi la paroisse d'Auchy n'obtiendrait-elle pas d'en recouvrer au moins quelques parcelles? Aucune ambition ne saurait être plus légitime. Or, à la date du 1er juillet, M. l'abbé Proyart, vicaire-général, nous écrivait qu'il tenait à notre disposition un ossement du saint évêque. Nous avons cet ossement vénérable; mais il n'est chez nous qu'en dépôt.

Bientôt, sans doute, la belle et vaste église d'Auchy recevra sur ses autels cette précieuse relique; bientôt la fête du bienheureux Pontife redeviendra pour cette paroisse un jour de prières et de grâces; on entendra redire ses louanges, on méditera sur ses vertus, on aura recours à sa protection, et l'on en obtiendra, comme par le passé, l'affermissement de la foi et la pureté des mœurs.

Crépy, 3 juillet 1865.

Pour nous conformer aux décrets d'Urbain VIII et autres Souverains-Pontifes, nous soumettons cet écrit aux jugements de la sainte Eglise romaine, à laquelle nous faisons profession d'être entièrement soumis d'esprit et de cœur.

DEVOTION
A
SAINT SILVIN.

CHAPITRE PREMIER.

Naissance de saint Silvin.

On peut placer la naissance de saint Silvin vers le milieu du VIIe siècle. Il naquit à Toulouse, d'une famille riche et honorée, et fut élevé à l'école de saint Eremberg, pendant le court espace de temps que ce saint prélat avait consenti à passer loin de sa chère solitude, pour continuer, sur le siége épiscopal, les vertus de saint Saturnin et de saint Exupère.

Selon une tradition difficile peut-être à

justifier, Silvin aurait eu pour père ce Pépin d'Héristal, qui, sous le nom de maire du palais, exerçait le souverain pouvoir en Austrasie et réglait la succession des rois.

Les historiens sont, du moins, unanimes pour admettre qu'il était d'une famille très-illustre, non-seulement par les richesses qu'elle possédait, mais encore et surtout par les saints qu'elle avait produits.

C'est dans les rangs élevés de la société que le ciel se plaisait alors à choisir ses apôtres, afin de confondre l'orgueil de la naissance et d'entraîner les conversions par l'éclat du prosélytisme. Si parfois Dieu aime à contredire la sagesse du siècle en conduisant les événements par des moyens qui déconcertent toute prévision, il arrive plus ordinairement que sa Providence ménage l'ordre régulier des choses, de telle sorte que ses décrets s'opèrent comme tout naturellement. Il y a eu des saints dans tous les temps et dans toutes les conditions ; mais, aux premiers siècles, on les a vus plus nombreux et plus favorisés du don des miracles ; alors aussi ils appartenaient presque toujours aux familles nobles et puissantes, Dieu voulant faire jouir son Église naissante de l'irrésistible autorité de leurs exemples.

La famille de saint Silvin n'était qu'une compagnie de saints. A une telle école, l'âme docile de l'enfant dut aisément s'ouvrir à toutes les inspirations de la vertu. On sait que la première des grâces, c'est d'appartenir à des parents chrétiens.

Silvin avait reçu de la nature une âme ardente ; mais il en fut de lui comme de saint François de Sales, de saint François Xavier, de saint Ignace de Loyola ; le sang qui bouillonnait dans ses veines ne fit que lui donner plus d'énergie pour travailler à la gloire de Dieu et au salut des âmes.

Tous les caractères, même les plus contraires, sont excellents, s'ils remplissent leur destinée, c'est-à-dire s'ils s'abaissent sous le joug de la foi et s'abandonnent sans réserve aux mains de Dieu.

CHAPITRE II.

Ses Fiançailles.

Saint Silvin fut élevé avec tout le soin que comportait sa haute condition et dans tous les exercices ordinaires aux enfants de sa qualité. La religion est calomniée quand on l'accuse de s'opposer à la diffusion des lumières et de favoriser l'ignorance. Loin d'exclure les connaissances humaines, de condamner l'étude des lettres et des sciences, elle accepte même cette éducation artistique et élégante qui fait le charme de la vie; mais elle veut que chaque chose reste à sa place, et elle enseigne, après Jésus-Christ, qu'il n'y a qu'une chose vraiment nécessaire, qui est le salut. La connaissance et la pratique des devoirs doit donc être la base de l'éducation, et c'est se fourvoyer que de reléguer le catéchisme à un rang secondaire. Les simples se contenteront de cet enseignement essentiel. Pour ceux qui sont favorisés des dons de la naissance ou de la fortune, leur esprit doit recevoir des ornements accessoires. C'est ainsi que l'Église sauve les peuples en respectant les distinctions sociales; car vouloir que l'éducation soit en conformité avec la condition de chacun, c'est écarter les médiocrités, c'est diminuer le danger des ambitions jalouses et des prétentions déclassées.

Pour compléter l'éducation de la famille et se former à la vie publique, Silvin fut envoyé à la cour où sa place lui était naturellement marquée. Il y vécut quelques années, sous Childéric II et Thierry III. Ce spectacle des grandeurs et des plaisirs mondains, qui aurait pu être un écueil pour sa vertu, ne servit qu'à l'affermir davantage dans le goût des choses de Dieu et à lui faire de plus en plus mépriser les vanités du siècle. On eut bientôt un éclatant exemple de son entier détachement.

Il était jeune encore, que ses parents voulurent mettre le sceau à leurs bienfaits en lui donnant une compagne, qui, selon les prévisions de leur amour, devait le rendre heureux. Sincèrement chrétiens, ils avaient choisi une sainte et digne fille. Mais Silvin se sentit bientôt attiré par Dieu à une perfection plus grande ; il admira la beauté de cette vertu angélique qu'il n'est pas donné à tous de comprendre, et, voulant consacrer à Jésus-Christ la pureté de son corps aussi bien que celle de son âme, il rompit ses liens aussitôt après les avoir formés, et ne consomma point son mariage.

L'abandon est triste au cœur d'une femme qui se voit supplantée par une rivale ; mais une femme chrétienne a dû se trouver honorée de céder la place à Jésus-

Christ. Or, à défaut d'autre témoignage historique, et quand les chroniqueurs ne nous diraient rien des vertus de la fiancée de Silvin, nous pourrions avec justice nous porter garant de la foi de cette femme. Si elle n'avait pas consenti chrétiennement au sacrifice, Silvin ne l'aurait pas quittée; le devoir a le pas sur la perfection.

CHAPITRE III.

Ses Pèlerinages.

C'était peu pour Silvin d'avoir brisé les liens qui l'attachaient à une épouse aimée; il se retira de la cour et quitta tout pour Jésus-Christ, afin que rien des sollicitudes humaines ne pût retenir son regard sur la terre ; il voulut suivre la perfection des conseils évangéliques, partagea entre les pauvres tout ce qui lui appartenait et alla jusqu'à se démettre des droits éventuels que l'avenir pouvait lui réserver.

Libre de tout souci, il prit le bâton de pèlerin, et s'en fut par le monde visiter les sanctuaires les plus chers à la piété des fidèles et les plus accrédités par la protection miraculeuse du ciel.

Comme plus tard le bienheureux Benoît-Joseph Labre, Silvin ne portait ni or, ni argent; il se contentait de pauvres vêtements et recevait de la charité des peuples la nourriture et l'abri. Ainsi que Benoît-Joseph, il cherchait la volonté de Dieu loin de la solitude et dans un genre de vie qui n'est pas celui du grand nombre; mais il savait se former au dedans de lui-même une solitude intérieure que les bruits du monde ne parvenaient point à troubler.

Il y avait toutefois cette différence entre la dévotion du Bienheureux notre contemporain et celle de saint Silvin, que, pour l'enfant d'Amettes elle était le but, le terme d'une vie longtemps agitée par les indécisions, tandis que pour Silvin elle n'était qu'une préparation.

Silvin parcourut ainsi l'Europe, visitant successivement la France, l'Espagne, l'Allemagne, l'Italie, sans s'inquiéter de la longueur des chemins, ni des dangers qu'il pouvait courir, soit de la part des brigands qui infestaient les routes, soit même de la part des animaux féroces, qui parcouraient alors librement les champs et les forêts.

De l'Italie il passa en Asie ; il fit le voyage de Jérusalem ; il voulut voir les saints lieux où s'étaient accomplis les ineffables mystères de notre Rédemption, recueillir en son âme et y graver profondément la mémoire de la Passion d'un Dieu, afin de la faire mieux connaître et mieux aimer.

Puis il revint en Europe et se rendit à Rome, la cité sainte du monde nouveau. Dans ce pèlerinage au tombeau des saints Apôtres, il portait, par mortification, de lourdes pierres qui appesantissaient sa marche et déchiraient sa chair. Il les laissa par dévotion devant l'Église de Saint-Pierre.

Il était prêt pour l'office que Dieu lui avait destiné. Avec les apôtres, il avait prié dans le cénacle, et invoqué, comme eux, les lumières de l'Esprit-Saint ; sa retraite étant finie, il reçut à Rome l'onction sacerdotale, et le Pape voulut le sacrer lui-même évêque; il lui conféra ensuite la mission de prêcher l'Évangile aux nations, sans lui assigner de province particulière.

C'est ce qu'on appelait alors un évêque régionnaire.

Ainsi il allait passer à la vie active, mais pour y occuper une position tout exceptionnelle. Il a en perspective une tâche dont il ne peut prévoir le terme, un labeur au bout duquel il ne peut espérer le repos. N'étant point l'homme du sol, en quelque lieu qu'il portera ses pas, il y sera comme un voyageur; si quelque part, il achève l'œuvre pour laquelle il est envoyé, il devra chercher plus loin une autre terre à défricher. Sa consécration à Dieu est telle qu'elle le prive même de ces liens qui attachent l'évêque à son église comme à une épouse et le dédommagent surabondamment du sacrifice imposé par la grâce à la nature.

CHAPITRE IV.

Son Apostolat.

Rempli du désir ardent d'imiter les saints de tous ordres dont il avait médité les exemples en priant dans leurs sanctuaires, pénétré d'un amour immense pour les hommes dont il avait appris à apprécier les âmes à l'école du Calvaire, profondément animé de cet esprit de dévouement à l'Église et d'inviolable attachement au Saint-Siége que tout évêque rapporte, quand il s'est agenouillé sur le tombeau des apôtres et qu'il a reçu la bénédiction du Pontife romain, tel était Silvin lorsqu'il rentra en France.

Ce fut sur sa terre natale qu'il établit d'abord sa tente.

La foi y avait perdu de son empire et de sa pureté; par suite, les mœurs s'étaient altérées. Les nouveaux habitants avaient aussi trouvé dans la douceur du climat un stimulant funeste, qui ajoutait à leur penchant naturel pour la volupté. Silvin combattit vigoureusement ces vices, et grâce à l'autorité que lui donnait son caractère épiscopal, à l'influence qu'il tenait de sa haute naissance, à l'éloquence de sa parole, à l'attrait plus éloquent encore de ses vertus, grâce surtout à la protection divine qui le couvrait visiblement, il réussit promptement à extirper les désordres qui souillaient le pays de Toulouse et à y affermir plus solidement que jamais les principes de l'Évangile.

Et quand il crut son œuvre achevée, il songea à annoncer à d'autres peuples la bonne nouvelle de Jésus-Christ.

Ayant eu connaissance du déplorable état où se trouvait la Gaule-Belgique, qui était le principal théâtre des guerres et des invasions des barbares, il se sentit divinement pressé de s'y rendre.

Là, son apostolat devait durer longtemps. Il y arriva vers l'an 675. Pendant quarante années, Silvin parcourut les villes et les bourgs de la Morinie, sans autre trêve que celle qu'exigeait par intervalle le délabrement d'un corps exténué par les fatigues et les macérations.

Le pays des Morins, dont Thérouanne était la capitale, avait été en vain évangélisé par des martyrs, lors de la première introduction de la foi dans les Gaules; il était retombé dans l'idolâtrie; le peu de chrétiens qui s'y étaient formés depuis la conquête et la conversion de Clovis y croupissaient dans de grossières superstitions.

La légende de saint Silvin ne se borne pas à dire de nos ancêtres qu'ils étaient peu éclairés sur les mystères du christianisme; elle ajoute qu'ils ne saisissaient pas aisément les enseignements de la religion nouvelle. Et ceci n'est pas l'expression critique d'un accident passager, mais l'affirmation d'un état permanent. Les Français du Nord ont cela de commun avec les Français de l'Ouest, qu'ils sont difficiles à convaincre et rebelles aux séductions ; mais en revanche, ils sont fermes dans leurs idées, constants dans leurs affections, inébranlables dans leur foi. Quand l'évidence les a subjugués et que la grâce les a vaincus, ils ressemblent au rocher du Capitole.

Silvin dut avoir des obstacles à surmonter, des soupçons à dissiper, des résistances à détruire ; mais le jour où le Dieu qu'il annonce sera reconnu, nulle part ce Dieu n'aura de plus fermes disciples, ni de plus dévots serviteurs.

Notre saint apôtre ne fut pas longtemps à voir fructifier son zèle. Depuis Thérouanne, qui était le point de départ de sa mission, jusqu'à la mer, vers l'Ouest principalement, il ébranla bientôt les âmes par la force de sa parole, l'éclat de ses vertus et l'autorité de ses miracles. Le pays changea entièrement de face. Silvin gagnait moins d'âmes par ses discours, malgré leur éloquence, que par l'inexprimable austérité de sa vie et surtout par la douce et attrayante charité avec laquelle il accueillait sans distinction les étrangers et les pauvres. On embrassait la foi à l'envi ; on la recouvrait si l'on avait eu le malheur de la perdre. Plusieurs, touchés intérieurement d'une grâce toute privilégiée, quittèrent le monde, abandonnèrent leur famille, et se consacrèrent irrévocablement à Dieu.

Quarante années de courses apostoliques dans un pays barbare ; quarante années de prédication incessante de Thérouanne à Boulogne et de Boulogne à Hesdin ; quarante années, pendant lesquelles il évangélisa, baptisa, confessa, communia des milliers de fidèles ; quarante années, pendant lesquelles il ne vécut que de légumes, sans manger même de pain ; quarante années, pendant lesquelles il coucha sur la terre nue avec un cilice et des cercles de fer mêlés de pointes qui faisaient ruisseler son sang; quarante années, pendant lesquelles il soulagea les pauvres, reçut les voyageurs, construisit des églises; tel fut, parmi nous, l'apostolat de saint Silvin. Il a été, dit l'historien de sa vie, le père des orphelins, le protecteur des veuves, l'ornement de la religion.

CHAPITRE V.

Ses Vertus.

Le prêtre n'a pas reçu pour son seul avantage le caractère sublime qui le sépare des autres hommes. Il est l'homme du peuple, comme il est l'homme de Dieu ; il doit à ses frères son temps, ses lumières, ses forces, et quelquefois sa vie.

On pourrait même dire avec justice que si, par impossible, il avait à choisir entre son salut et celui de ses frères, il devrait répéter après saint Paul : Je désire être anathème, s'il le faut pour vous sauver.

Mais Dieu n'a point voulu soumettre ses ministres à cette dure alternative. Loin d'exiger qu'ils se négligent pour s'occuper de leur prochain, il fait de leurs propres vertus et de leur sainteté personnelle la première condition de leurs succès auprès des âmes. Avant la vie active, qui se consume au service d'autrui, le prêtre doit placer la vie contemplative, qui fait son union avec Dieu.

L'union avec Dieu n'est possible chez un chrétien qu'autant qu'il se détache du monde, et cette union sera plus intime à proportion que le détachement aura été plus complet.

Or, Silvin, longtemps avant que le ciel ne lui eût révélé sa vocation, s'était absolument éloigné du monde, je ne dirai point de ses scandales qu'il ne connut jamais, mais de ce que le monde peut offrir de plus légitime.

Ses parents lui avaient donné une épouse selon leur cœur; il pouvait, dans cette douce société, goûter d'ineffables et chastes délices. Il s'en détacha cependant, non qu'il sût encore où Dieu l'appelait, mais parce qu'il savait l'excellence de la parfaite pureté, et qu'il comprenait combien les affaires domestiques dissipent aisément un temps qui pourrait être donné à la prière. Il craignait aussi de partager un cœur qu'il trouvait trop étroit pour Jésus.

L'élévation de sa maison, qui, selon quelques-uns, ne le cédait en rien à la famille des rois, eût pu le grandir à ses propres yeux. Silvin ne se laissa point éblouir. Il étonnait le monde par son extrême humilité; la compagnie des grands lui était à charge; il se plaisait mieux avec les prêtres et les religieux; il aimait surtout les pauvres, et c'était pour lui une fête que d'en avoir à sa table. Désireux de réaliser les conseils donnés par Notre-Seigneur aux amateurs de la perfection, il leur lavait les pieds, s'agenouillant devant eux comme il l'eût fait devant l'adorable personne du Sauveur.

Saint Silvin ne se bornait pas à héberger les pauvres et à laver les pieds des pèlerins. Quand il lui arrivait des mendiants déguenillés, et qu'il n'avait à leur donner ni argent, ni habit de réserve, ses historiens nous disent qu'il se dépouillait de ses propres vêtements.

Il suivait le conseil du divin Maître : « Si quelqu'un m'aime, qu'il vende ses biens, qu'il les distribue aux pauvres, et qu'il me suive. » Cependant, il était rare qu'il fût sans argent : la générosité des fidèles le comblait.

De cet argent, il faisait deux parts : l'une pour Dieu, l'autre pour les malheureux.

Silvin aimait la beauté de la maison de Dieu; il se plaisait à embellir les églises et les sanctuaires; il voulait que les cérémonies saintes de la liturgie fussent faites partout avec cette scrupuleuse régularité que la foi inspire, et cette pompe extérieure si légitimement due à Dieu; il exigeait que quelqu'un demeurât toujours en prière dans le saint Temple. Ceux qui ont écrit sa vie disent formellement qu'il aimait à voir sur l'autel quantité de luminaires; et, de ce que la cire et l'huile se consument et se détruisent par l'usage, il ne concluait pas que la dépense était perdue. Les vêtements sacrés, il les voulait très-riches; au moins exigeait-il toujours qu'ils fussent convenables.

Après l'ornementation du temple et la splendeur du culte, son argent assurait le soulagement des malheureux; et, parmi les œuvres de charité qu'il exerça, il faut signaler le rachat des captifs, œuvre sublime qui inspirera plus tard saint Jean de Matha, saint Raymond de Pennafort, et donnera naissance à de nouveaux instituts religieux.

Quand sa bourse épuisée lui interdisait l'exercice de la charité, et qu'il avait un esclave à arracher des mains des Barbares, il se faisait pauvre lui-même : il mendiait obole par obole la rançon du captif.

Et quand ces malheureux étaient ainsi

rendus par lui à la liberté, ils devenaient les premiers objets de sa sollicitude sacerdotale, et il leur obtenait bientôt une seconde liberté plus précieuse mille fois que la première, la liberté des enfants de Dieu.

Au reste, il faisait tout rapporter au salut éternel, et sa conversation était toute céleste. A propos des questions les plus vulgaires et dans les circonstances les plus communes, il savait, par une transition délicatement ménagée, faire intervenir une parole de piété, un mot d'édification ; nul ne se séparait de lui sans se sentir meilleur.

Une telle charité, tant de vertus aimables jointes à une sainteté si éminente, avaient rendu Silvin cher aux peuples, qui voyaient en lui un homme descendu du Ciel.

Quelque multipliées que fussent les occupations où l'entraînait son zèle, jamais elles ne pouvaient lui faire omettre ou abréger ses intimes entretiens avec Dieu. Quitter l'oraison pour l'action, c'est, dit-on, quitter Dieu pour Dieu. Silvin n'ignorait pas, sans doute, cet axiome de la charité, mais il savait si bien distribuer son temps, qu'il conciliait tout, et ne négligeait rien.

Le pieux Évêque professait une estime singulière pour l'Écriture sainte, dont il faisait sa principale étude. Toutefois, les saintes Lettres étaient moins un sujet de spéculation pour son esprit qu'un aliment pour son cœur. Les historiens nous disent que toujours un texte sacré servait à son âme d'entretien intime.

Mais nous n'aurions que bien imparfaitement fait connaître les vertus de notre Saint, si nous taisions ses austérités. Sous ce rapport, il fut inimitable. Résumons ce que nous en avons dit, en laissant la parole au père Giry.

Il ne mangea point de pain l'espace de quarante ans, se contentant de prendre pour sa nourriture quelques herbes et quelques racines. Outre le cilice, dont il faisait plus d'état que des habits les plus magnifiques, il portait sur sa chair nue des cercles de fer qu'il serrait si fort, qu'il se faisait de grandes plaies sur le corps. Il ne couchait que sur la terre ou sur une planche, pour ne prendre que très-peu de repos. Quelque prodigieuses que fussent ses austérités, elles n'étaient pas néanmoins capables de contenter l'ardeur qu'il avait de souffrir en son corps pour Jésus-Christ. Il désirait endurer le martyre, afin de reconnaître par sa mort celle que Notre-Seigneur avait endurée pour lui.

CHAPITRE VI.

Son séjour à Auchy.

Nous avons à parler maintenant du lieu préféré par Silvin, et qu'il embauma du parfum de ses vertus, pour le couvrir durant une longue suite de siècles de sa puissante protection.

Auchy appartenait à un chef franc nommé Adroald, que saint Omer avait converti à la religion chrétienne. Adroald, pour expier ses anciens crimes, avait abandonné à l'évêque de Thérouanne son domaine de Sithiu, où s'éleva bientôt une somptueuse abbaye. Quelques années après, il fit également cession à saint Bertin de la villa d'Auchy.

Ceci se passait vers 654, vingt ans environ avant l'arrivée de saint Silvin dans nos contrées.

Saint Bertin se hâta d'établir un oratoire à Auchy, et, pendant le cours des années qui suivirent, il y vint fréquemment.

La terre d'Auchy était du ressort du comté d'Hesdin. Or, la maison d'Hesdin était une famille de saints. Nous pensons bien que ce détail a échappé à ceux qui, en haine du passé, ont fait d'Auchy-les-Moines Auchy-lez-Hesdin. Ils n'ont point songé qu'à le bien prendre la nouvelle dénomination n'est pas moins dévote que la première.

Robressé, première comtesse d'Hesdin, donna le jour à Rigobert et à Batefride. Rigobert fut le père de sainte Berthe, l'illustre fondatrice du monastère de Blangy.

Batefride eut de sainte Framehilde Austreberthe et Adalscaire. On sait que sainte Austreberthe prit le voile comme sa cousine de Blangy et qu'elle fonda le monastère de Marconne, origine du village actuel de Sainte-Austreberthe.

Quant à Adalscaire, il succéda à son père, et épousa sainte Anéglie. De concert avec sa pieuse épouse et docile aux inspirations de saint Bertin, il bâtit à Auchy une église qui fut placée sous le double patronage de la sainte Vierge et de l'apôtre saint Pierre. Bientôt un monastère s'éleva à côté de cette église. La première abbesse d'Auchy fut sainte Sicchède, fille d'Adalscaire et d'Anéglie (673).

Il y avait environ deux ou trois ans que Sicchède gouvernait le monastère d'Auchy quand saint Silvin arriva en Morinie.

Le cours de ses prédications l'amena en ce pays. Il y vit probablement l'évêque de Thérouanne, dont il était, en quelque sorte, le coadjuteur. Il dut s'y lier d'amitié avec saint Bertin, qui, sur la fin de ses jours, aimait à venir prendre quelque repos sur cette terre; mais ce que l'histoire nous affirme d'une manière plus positive, c'est qu'il fit lui-même de ce lieu son pied-à-terre pour ses heures de repos, et qu'il avait pour cette résidence une prédilection toute particulière. Il se fit construire une petite maison à quelques pas de l'enceinte claustrale. Le saint Missionnaire dut plaire à Adalscaire, à Anéglie, à Sicchède, et il s'établit entre eux une de ces liaisons intimes que les mêmes goûts consacrent, et qui trouvent en Jésus-Christ le ciment qui les rend indestructibles.

L'abbesse Sicchède s'inspirait de ses conseils pour toutes les mesures à prendre dans la direction de son monastère, de telle sorte qu'il paraissait être le véritable chef de cette sainte maison.

Il en avait vu les commencements, il aimait à en suivre les progrès. Il avait pour cette pieuse institution de la famille d'Hesdin une sollicitude aussi tendre que si elle avait été son œuvre, et c'était avec bonheur qu'il venait auprès des saintes filles se reposer de ses travaux apostoliques.

Ce qui prouve combien il avait pour cette sainte résidence une estime et une affection singulières, c'est qu'il voulut y mourir.

CHAPITRE VII.

Sa Mort.

Malgré l'épuisement de ses forces, Silvin ne voulait point interrompre le cours de ses missions et restait sourd aux réclamations de ses amis, quand il fut saisi d'une fièvre violente, qu'il reconnut devoir être mortelle. Il se fit incontinent transporter à Auchy. Dès lors, comme s'il eût su par une révélation qu'il n'y avait point de remède à son mal, il ne s'occupa nullement de sa guérison ; mais, tout entier au soin de son âme, il songea à se rendre Dieu propice ; préoccupation qui nous surprend dans un homme d'une vertu si consommée, mais qui doit confondre notre présomption et humilier notre indifférence.

Chaque jour il fit célébrer le saint sacrifice devant son lit de douleur, et tous les jours aussi il puisait de nouvelles grâces dans le pain des forts. Il voulait qu'on récitât sans interruption des psaumes autour de son lit; il s'y unissait de cœur et souvent même de la voix: tout son désir était de mourir en redisant les louanges du Très-Haut, occupation qu'il espérait continuer avec les anges dans le ciel; il ne souffrait point qu'il y eût d'affaiblissement dans l'élan de son âme.

Enfin, dit le père Giry, le soir du samedi, il aperçut une troupe d'anges qui le venaient quérir pour l'accompagner dans la gloire. La joie qu'il eut de cette vision lui fit crier plusieurs fois: *Voilà les anges du Seigneur qui s'approchent de nous*; et, en répétant ces paroles avec de grands ravissements d'allégresse, il rendit paisiblement son âme à Dieu.

C'était le 17 février 716.

Tout aussitôt il fut honoré comme un

saint. Beaucoup de prêtres et de clercs assistèrent à ses obsèques, qui furent célébrées à Auchy au milieu des sanglots et des pleurs des filles de Sicchède.

On envoya à l'abbaye de Centule [Saint-Riquier], afin que les moines vinssent aux funérailles du saint évêque. Ils lui rendirent les derniers honneurs avec la plus grande pompe, et déposèrent ses restes dans l'église Notre-Dame-et-Saint-Pierre d'Auchy.

Après les funérailles, ajoute un chroniqueur avec une naïveté charmante, Adalscaire, homme prudent et dévot, se concerta avec son épouse Anéglie, femme issue d'une très-noble famille franque; ils préparèrent un grand repas pour ceux qui étaient venus de loin enterrer le saint corps, afin que chacun pût reprendre à pied le chemin de son logis, sans craindre de défaillance.

CHAPITRE VIII.

Ses Miracles.

L'évêque Anténor, auteur de la vie de saint Silvin, peint avec enthousiasme l'apothéose de notre Saint : Quand l'âme de Silvin, dégagée des liens du corps, s'envola triomphante vers les cieux, les anges entonnèrent un cantique d'allégresse. La terre y répondit par un écho fidèle. Pour le peuple comme pour les prêtres, pour Sicchède comme pour ses religieuses, Silvin a passé sans transition de la vallée des larmes au séjour de la gloire. L'encens et les parfums répandus à profusion devant ses restes mortels étaient plus un hommage qu'une supplication. Sicchède, forte de son amitié antérieure avec le saint, le pria d'accepter devant Dieu le patronage de sa personne et de son monastère. Elle orna de couronnes et de lampes la chapelle où était le tombeau ; elle couvrit le tombeau lui-même de lames d'or chargées de pierres précieuses ; elle fit enchasser dans un étui d'or et d'argent le bâton dont l'homme de Dieu se servait, dans sa vieillesse, pour affermir ses pas chancelants.

Le ciel ne tarda pas à justifier la confiance populaire et à favoriser le culte de saint Silvin par l'autorité des miracles qui s'opérèrent à son intercession.

Déjà, durant sa vie mortelle, Silvin avait chassé les démons par la prière et la sainte communion, guéri les lépreux, les paralytiques, les boiteux et les aveugles. Dieu avait permis tant de miracles, dit Anténor, afin que nul ne doutât de la sainteté de celui par qui il les opérait : C'est par ses saints que le Tout-Puissant fait des prodiges, *Mirabilis Deus in sanctis*.

Mais c'est surtout après la mort de son

serviteur que Dieu, en considération de ses mérites, multiplia les miracles au pays des Morins et principalement à Auchy. Un grand nombre de possédés du démon furent délivrés par sa puissance. Anténor nous assure avoir vu lui-même beaucoup de paralytiques se faire transporter à Auchy, prier devant la sépulture de saint Silvin et s'en retourner guéris. Récemment, ajoute-t-il, une femme percluse de ses membres se mit à implorer le secours du saint évêque par des prières continuelles et presque avec importunité; elle fut subitement guérie. Depuis lors, elle a pris le voile et désire mourir à Auchy. Pareille chose arriva à un jeune homme affligé de la même infirmité. Allant en pèlerinage dans un endroit fort éloigné où se faisaient alors de nombreux miracles, il arriva par hasard au sanctuaire de saint Silvin, à Auchy, et s'y reposa un peu pour prier. Il fut incontinent guéri et put s'en retourner chez lui sans pousser plus loin son voyage. Une femme aveugle fut avertie en songe d'aller au pays de Thérouanne invoquer saint Silvin. Or, cette femme était des environs de Bordeaux. S'éveillant, elle n'hésite point. Elle prend un guide, et sans s'effrayer de la longueur du voyage, elle se met en route. Arrivée à Auchy, elle prend un peu de la liqueur du vase que l'on y conservait parce que saint Silvin l'y avait apporté, elle frotte ses yeux avec cette liqueur et recouvre la vue. Elle était demeurée aveugle depuis vingt-six ans. Le Seigneur qui avait lui-même ouvert les yeux de l'aveugle-né, à la fontaine de Siloë, permit au bienheureux Silvin d'ouvrir ceux de cette femme, pour reconnaître et proclamer le mérite de son serviteur.

CHAPITRE IX.

Son Culte.

Le bienheureux Silvin fut, immédiatement après sa mort, honoré d'un culte public. L'abbaye d'Auchy s'appela l'*abbaye de Saint-Silvin*, et elle conserva ce nom jusqu'à la Révolution française, bien qu'après le passage des Normands on ait remplacé les filles de sainte Sicchède par des religieux Bénédictins.

En 881, les reliques de saint Silvin furent soustraites à la profanation. Elles furent transportées à Dijon avec les restes de la bienheureuse Anéglie. Plus tard, elles furent transférées à l'abbaye de Bèse. Voici, en effet, ce qu'on lit dans la chronique de cette abbaye : « Dieu nous ayant été propice, et la paix nous ayant été rendue, le corps de saint Prudentius nous fut remis, et avec lui nous furent donnés celui de saint Silvin et celui de son amie la bienheureuse Anéglie.... L'autel principal de l'abbaye de Bèse fut dédié aux saints apôtres Pierre et Paul, et cet autel fut entouré de deux autres, dont l'un était sous le vocable du bienheureux martyr Prudentius, et l'autre sous le double vocable de saint Silvin, évêque, et de la vénérable Anéglie. »

Quand le monastère d'Auchy fut relevé, il retint, comme nous l'avons dit, le nom de saint Silvin. Cependant les reliques du glorieux Patron d'Auchy furent données à l'abbaye de Saint-Bertin.

Les limites restreintes que nous nous sommes tracées ne nous permettent pas de dire ici les longs et persévérants efforts que firent les religieux d'Auchy-les-Moines pour secouer le joug que faisait peser sur eux la puissante abbaye de

Saint-Omer, obtenir le droit d'élire leurs abbés et recouvrer le corps vénéré de leur saint Patron. Si justes que fussent leurs réclamations, elles restèrent sans résultat jusqu'à l'année 1516. A cette date, ceux de Saint-Bertin consentirent à leur *faire présent* de la mâchoire inférieure du Saint et d'un os du bras.

Ces reliques furent reçues à Auchy au milieu des transports de la plus vive allégresse. Elles ont été perdues pendant la Révolution.

Jusqu'en 1792, la fête du Patron de l'abbaye était la principale fête de l'endroit. Ce jour-là, les moines ouvraient les portes de leur église ; l'orgue versait ses flots d'harmonie dans la vaste enceinte du temple ; les plus riches tentures tapissaient les murs du sanctuaire ; le vestiaire sacré se dépouillait, pour la cérémonie, de ses ornements les plus précieux ; l'abbé offrait lui-même le saint sacrifice, et, par l'intercession de saint Silvin, il appelait les bénédictions du Ciel sur l'Église, sur la patrie, sur l'abbaye, sur l'heureux village d'Auchy.

Tous les habitants de la paroisse prenaient part à la fête.

L'office était tout entier du commun des Confesseurs pontifes ; nous avons seulement trouvé une antienne propre pour le *Magnificat* aux premières et aux secondes vêpres. Voici cette antienne :

| Sancte Silvine, tu dulcedo pauperum, tu pius consolator miserorum, ora pro nobis. | Saint Silvin, joie des pauvres et pieux consolateur des malheureux, priez pour nous. |

Le crédit de saint Silvin n'a pas baissé auprès de Dieu, et nos misères sont grandes. Donc demandons à Dieu, par d'humbles et incessantes prières, que celui qui brille par le mérite de tant de miracles ne refuse pas d'intercéder pour nous, qui errons sur la terre, jusqu'à ce que, favorisés de sa protection, nous soyons rendus dignes des promesses du Christ, qui vit et règne, avec le Père et le Saint-Esprit, dans les siècles des siècles.

Ainsi soit-il.

NEUVAINE.

On commencera par se mettre en la présence de Dieu, l'adorer, le remercier de ses bienfaits, lui exprimer le regret que l'on éprouve de l'avoir offensé. On récitera alors le *Confiteor*. Puis on invoquera les lumières de l'Esprit-Saint par la récitation du *Veni Sancte* ou de toute autre prière analogue. On demandera enfin l'aide et l'appui de son saint Patron, de son Ange gardien, de saint Silvin, et l'on fera sa petite méditation.

Pour cela, on lira posément chaque jour un article de la Vie de saint Silvin, que nous avons à cette fin divisée en neuf chapitres.

La Vie du bienheureux Silvin offre suffisamment matière à une neuvaine de réflexions. Mais on ne se bornera pas à un examen stérile ; il faut comparer la conduite du Saint avec la nôtre ; de là, des actes de contrition pour le passé et des promesses sérieuses pour l'avenir.

Si une pensée nous frappe particulièrement, on s'y arrête sans s'occuper du reste du chapitre.

On termine la méditation en confiant ses résolutions à Marie par la récitation du *Sub tuum* ou de l'*Ave Maria*.

Enfin l'on récite les prières du matin, *Pater*, *Ave*, *Credo*, les *Commandements de Dieu* et de *l'Église*, les *Actes de Foi, d'Espérance et de Charité* ; on remplace les litanies du saint Nom de Jésus par celles de *saint Silvin*; on assiste à la sainte Messe, autant que cela est possible : le travail qui suivra une telle préparation sera certainement béni de Dieu.

OFFICE.

Le 17 février, au diocèse d'Arras :

Fête de *saint Silvin*, évêque et confesseur. Double.

Aux premières Vêpres, comme dans le Paroissien romain, au commun des Confesseurs-Pontifes. Antiennes : *Ecce Sacerdos*; les quatre premiers Psaumes du dimanche; le cinquième, *Laudate Dominum, omnes gentes*; hymne : *Iste Confessor*. A Magnificat : *Sacerdos et Pontifex*. Messe *Statuit*, qui est la première des Confesseurs-Pontifes.

COLLECTE PROPRE.

Deus, qui beatum Pontificem Silvinum miro apud nos Sanctitatis et doctrinæ	O Dieu, qui avez fait briller parmi nous le bienheureux Pontife Silvin de l'éclat

splendore coruscare fecisti : da nobis, ejus merita venerantibus, per bona opera lucere, coram te. Per Dominum.

admirable de la sainteté et de la doctrine, faites que nous, qui vénérons ses mérites, nous brillions devant vous par nos bonnes œuvres. Nous vous le demandons par N.-S. J.-C.

Aux secondes Vêpres, le cinquième Psaume est : *Memento, Domine, David.* **A Magnificat :** *Amavit eum Dominus.*

INVOCATIONS.

Saint Silvin, joie des pauvres et consolation des malheureux, priez pour nous.

*
* *

Saint Silvin, priez pour nous, afin que nous soyons préservés du tonnerre.

*
* *

Saint Silvin, obtenez-nous de Dieu le détachement des choses terrestres et l'amour de Jésus.

*
* *

Saint Silvin, obtenez-nous l'amour de la souffrance ; faites que nous soyons toujours sévères pour nous-mêmes et indulgents pour les autres.

DÉDICATION

Saint Silvin, priez Dieu pour nous,
le livre des pèlerinages d'Ogny porte à la
       *
Saint Silvin, priez pour nous, afin que
nous soyons préservés de tous maux.
       *
Saint Silvin, l'Occasion nous vient de
déchiffrement des vieux registres, à la
mairie de Ligny.
       *
Saint Silvin, ohez-nous en l'action de
la souffrance; telles que les rogations, toujours soyées pour nous-même; et jamais
agis pour les autres.

LITANIES.

Seigneur, ayez pitié de nous.
Jésus-Christ, ayez pitié de nous.
Seigneur, ayez pitié de nous.
Jésus-Christ, écoutez-nous.
Jésus-Christ, exaucez nous.
Père céleste, qui êtes Dieu, ayez pitié de nous.
Fils, Rédempteur du monde, qui êtes Dieu, ayez pitié de nous.
Esprit-Saint, qui êtes Dieu, ayez pitié de nous.
Sainte Trinité, qui êtes un seul Dieu, ayez pitié de nous.
Sainte Marie, priez pour nous.
Refuge des pécheurs,
Reine des confesseurs,
Reine des vierges,
Saint Silvin, vous dont l'enfance fut dirigée vers le bien,
Saint Silvin, qui avez été docile aux inspirations de la grâce,

Saint Silvin, qui avez abandonné pour Jésus-Christ l'épouse que vos parents vous avaient choisie,

Saint Silvin, qui avez renoncé aux honneurs de la terre,

Saint Silvin, qui vous êtes dépouillé de tous vos biens,

Saint Silvin, qui avez pris le bâton de pèlerin pour visiter les saints lieux,

Saint Silvin, qui avez suivi au Calvaire les traces de Jésus,

Saint Silvin, qui avez prié à Rome sur le tombeau des apôtres,

Saint Silvin, qui avez reçu la bénédiction du pontife romain,

Saint Silvin, illustre apôtre de la Morinie,

Saint Silvin, zélé pour la splendeur de la maison de Dieu,

Saint Silvin, ami des pauvres,

Saint Silvin, consolateur des malheureux,

Saint Silvin, hôte des pèlerins,

Saint Silvin, rédempteur des captifs,

Saint Silvin, modèle d'humilité,

Saint Silvin, modèle d'une vie crucifiée,

Saint Silvin, protecteur d'Auchy,

LITANIES.

De tout péché,
De la mort subite et imprévue,
Du démon de l'impureté,
De la foudre et des tempêtes,
De l'amour du monde et de la vanité,
Du respect humain,
Du danger des mauvais exemples,
De la mort éternelle,

Par l'intercession de S. Silvin, délivrez-nous, Seigneur.

Agneau de Dieu, qui ôtez les péchés du monde, pardonnez-nous, Seigneur.

Agneau de Dieu, qui ôtez les péchés du monde, exaucez-nous, Seigneur.

Agneau de Dieu, qui ôtez les péchés du monde, faites-nous miséricorde.

Jésus-Christ, écoutez-nous.
Jésus-Christ, exaucez-nous.

℣ Priez pour nous, saint Silvin;
℟ Afin que nous soyons rendus dignes des promesses de Jésus-Christ.

ORAISON.

Faites, Seigneur, que nous trouvions notre appui et notre défense dans l'intercession de votre serviteur saint Silvin, afin que, l'ayant invoqué, nous obtenions la grâce de l'imiter et de parvenir comme lui au bonheur éternel. Nous vous le demandons par J.-C. N.-S. Ainsi soit-il.

FIN.

TABLE.

	Pages
Vie de saint Silvin.	5
I. Sa naissance.	5
II. Ses fiançailles.	9
III. Ses pélerinages.	13
IV. Son apostolat.	17
V. Ses vertus.	23
VI. Son séjour à Auchy.	31
VII. Sa mort.	36
VIII. Ses miracles.	39
IX. Son culte.	43
Neuvaine.	49
Office de saint Silvin.	51
Invocations.	53
Litanies.	55

Arras, typ. Rousseau-Leroy.

www.ingramcontent.com/pod-product-compliance
Lightning Source LLC
LaVergne TN
LVHW021734080426
835510LV00010B/1250